Wolfgang Wünsch

Es ist an der Zeit

Eine junge Generation sucht nach einem neuen Verhältnis zur Schöpfung

edition zwischentöne

Wolfgang Wünsch
Es ist an der Zeit

Wolfgang Wünsch
*1926 in Halle/Saale, †2020 in Bremen
1950 nach Rückkehr aus der Kriegsgefangenschaft Studium der Kirchenmusik in Berlin. Ab 1957 naturwissenschaftliches Studium in Freiburg. 1963 Lehrer für Naturwissenschaften an der Freien Waldorfschule Stuttgart Uhlandshöhe. Ab 1964 Musiklehrer an der Freien Waldorfschule Marburg. 1971 Mitbegründer der Freien Waldorfschule Bonn, dort Lehrer für Musik und Naturwissenschaften. Ab 1978 neben der Lehrertätigkeit Dozent an der Alanus-Kunsthochschule für Kontrapunkt und Musikgeschichte. Seit 1988 Musikdozent am Institut für Waldorfpädagogik in Witten-Annen. Seit 1991 Mitarbeit am Waldorflehrerseminar in Moskau. Vielfältige Seminartätigkeit in Deutschland sowie in Nord- und Osteuropa.
Wolfgang Wünsch war bis zu seinem letzten Lebensjahr als Vortragender und Kursleiter aktiv. Dabei wurde – über musikpädagogische Fragestellungen hinaus –_eine grundlegende pädagogische Neuorientierung zu seinem zentralen Anliegen.

2. Auflage
© 2020 edition zwischentöne
Buch- und Musikverlag Gerhard Beilharz
Forststr. 15
73235 Weilheim/Teck
Gesamtgestaltung Sofia Beilharz
Umschlagmotiv Sabine Vosseler-Waller
Farbradierung „Unterwegs ..."
Autorenfoto Christoph Heidsiek
www.edition-zwischentoene.de

ISBN 978-3-937518-37-4

Inhalt

9	Vorwort
12	Was bringen die Kinder mit?
16	Was ist Wahrheit?
19	Der individuelle Weg
24	Entdeckerfreude und verborgene Fähigkeiten
29	Die neuen Willenskräfte
31	Der authentische Lehrer
34	Einiges zur Praxis
37	Musik — quo vadis musica?
42	Rechnen und Mathematik
45	Naturwissenschaften
47	Die Suche nach der Einheit der Welt
50	Worauf es ankommt
52	Zum Schluss
53	Literatur
55	Veröffentlichungen von Wolfgang Wünsch

Vorwort

Als im Jahre 2007 meine kleine Schrift *Verstehen wir die Botschaft der Kinder?* erschien, war man in pädagogischen Kreisen durch die in kurzer Folge erschienenen Schriften von Georg Kühlewind, Henning Köhler und Siegfried Woitinas schon darauf aufmerksam geworden, dass eine neue Generation sich ankündigte mit neuen Erwartungen, neuen Verhaltensformen und neuen Eigenschaften. Man sah das noch als Erscheinungen, die einzelne Kinder beträfen, obwohl die genannten Verfasser schon eine kommende Generation im Blick hatten.

Inzwischen sind 13 Jahre vergangen. Eine Greta Thunberg, eine Christina von Dreien und — wenn man ihren Ausführungen folgen will — noch mehrere in ähnlicher Art begabte Kinder sind auf den Plan getreten. Und viele der Aktivisten, die die „Fridays for Future" mitgestalten, sind, obgleich sich ihre Aktivitäten erst einmal auf ein Ziel fokussieren, geprägt von einer — wie es die Mutter Christinas von ihrer Tochter sagt — „hochachtungsvollen Haltung gegenüber der gesamten Schöpfung."[1] Das zeigt sich auch darin, dass viele Kinder, entgegen den familiären Gewohnheiten, Vegetarier oder Veganer werden, nicht aus Eigennutz,

---

1   Bernadette von Dreien: Christina, Bd. 1

sondern aus Ehrfurcht vor der Tierwelt. Und das alles geschieht nun 100 Jahre nach der Gründung der Waldorfschule, 107 Jahre nach dem Erscheinen der Streitschrift moderner Künstler *Der Blaue Reiter*, 106 Jahre nach dem Höhepunkt der Jugendbewegung auf dem Hohen Meißner. Die Zeitspanne dürfte aufmerksam machen.

In der Zeit von 2013 bis 2016 hatte ich noch einmal die Gelegenheit, an einer Waldorfschule zu unterrichten. Hierbei sowie auch bei einer Reihe von Hospitationen in den folgenden Jahren konnte ich die Kinder in ihrem Schulalltag gut wahrnehmen. Was da an neuen Fähigkeiten und Erwartungen in den Kindern verborgen liegt, muss man geduldig herauslocken. Aber tritt es dann zutage, dann durchzieht eine ganz neue Kraft, ein ganz neuer Lerneifer die Klasse. Und das betrifft alle Kinder. Eine neue Generation ist auf den Plan getreten, die Welt zu verändern.

Man hat heute nicht mehr die Aufgabe, in das Kind gewissermaßen hineinzugießen, was in alten Zeiten in es hineingegossen werden musste. Man hat heute die Aufgabe sich zu sagen: Das Kind ist belehrt, es hat nur seinen physischen Leib um die belehrte Seele herumgelegt, und es muss durch die Hülle durchgedrungen werden. Es muss das herausgeholt werden, was vorgeburtliche Götterbelehrung ist. So müssen wir heute pädagogisch denken.[2]

---

2   Steiner (GA 203, 6. Vortrag)

Mit dieser kurzen Bemerkung, die als Leitfaden die weiteren Ausführungen begleiten möge, hat Rudolf Steiner im Jahr 1921 die grundlegende Aufgabe einer künftigen Pädagogik beschrieben. Heute, fast 100 Jahre später, möchte ich den letzten Satz dieses Zitats schärfer fassen:

So müssen wir heute pädagogisch <u>handeln</u>!

Was bringen die Kinder mit?

Verschaffen wir uns zunächst einmal einen kleinen Überblick über das, was wir an den heutigen Kindern mit wachem Blick und Aufmerksamkeit wahrnehmen können. Ich möchte es in sechs Punkten zusammenfassen:
1 Sie haben einen starken Bewegungsdrang und kommen mit neuen Fragestellungen zur Welt. Es sind Fragen nach den Quellen, den Ursprüngen des Seins.
2 Sie bewahren länger ihre Erinnerungen an das vorgeburtliche Dasein. Das bedeutet auch: Sie messen die Welt mit anderen Maßstäben. So haben sie großes Verständnis für geistige Wahrheiten und überhaupt einen ausgeprägten Wahrheitssinn.
3 Sie bringen erstaunliche Begabungen mit, die sie befähigen, in vertiefter Weise wahrnehmen und erkennen zu können.
4 Sie interessieren sich für die Rätsel der Welt und haben Freude am Entdecken. Sie wollen mit dem Willen mitgestaltend wahrnehmen und erkennen, d.h. ihre Phantasie gebrauchen, die eine erste Stufe der Geisterkenntnis.
5 Sie suchen eigene Wege des Lernens. Der Weg zur geistigen Erkenntnis wird zunehmend individueller.
6 Sie sind allergisch gegen absolute Autorität und gegen nicht hinterfragtes Wissen. Sie möchten nicht ei-

ner Instanz oder einer Lehrmeinung, sondern einem selbstverantwortlichen, authentischen Lehrer gegenüberstehen, der ihre mitgebrachten Fragen versteht.

Dies soll im Folgenden etwas eingehender angeschaut werden.

„Mama, wieso können die Menschen sprechen? Woher kommt die Sprache?", wurde vor gar nicht so langer Zeit eine junge Mutter von ihrem kleinen Sohn gefragt. Eine Frage, auf welche die Erwachsenen normalerweise die Antwort schuldig bleiben, die aber das Innerste des Menschen und sein Verhältnis zur Welt berührt. Hier begegnen wir der Suche nach dem Verborgenen. Die Rätsel werden noch größer, wenn die Fremdsprachen dazukommen.

Ebenso könnte uns die Frage eines siebenjährigen russischen Jungen in Verlegenheit bringen: „Mama, was war vor Gott?" Es ist die Frage nach der Ewigkeit oder — räumlich — nach der Unendlichkeit, wo es weder Anfang noch Ende gibt. Wie kann man sich das vorstellen? Gibt es am Ende so etwas wie eine Krümmung? Ist der Kreis, der weder Anfang noch Ende hat, etwa auch unendlich, obgleich im Endlichen sichtbar?

Solche Fragen können den Unterricht außerordentlich beleben und die Forschernatur im Kind herauslocken.

Etwas amüsanter, aber doch nicht weniger erstaunlich, ist die folgende, ebenfalls in Nordrussland erlebte Geschichte: Eine junge Mutter bittet ihren kleinen dreijährigen Sohn:. „Schau mal, hierbei kannst du mir schon ein bisschen helfen!" Es trifft sie der mahnende Blick ihres Sohnes: „Ich bin nicht gekommen, um euch zu helfen, sondern um zu sehen, wie ihr so lebt." — Er hat dann doch geholfen, aber das musste doch erst einmal gesagt werden!

Marco Wehr[3] schildert eine kleine Begebenheit: Er erzählt seiner Tochter von dem Leben und von der Fortpflanzung der Pfeilschwanzkrebse. Diese „Urweltkrebse" bevölkern in manchen Weltgegenden hauptsächlich Pfützen. Die Lebensdauer der Pfütze ist zugleich die Lebensdauer der Krebse. Aus den Eiern, die jahrelang im Sand liegen können, wachsen bei erneutem Regen jetzt die Larven, dann die Krebse, die wiederum Eier legen und so den Nachwuchs sichern. Mit einiger Begeisterung schildert der Vater seiner Tochter bis in alle Einzelheiten dieses erstaunliche Naturwunder und ist ebenso erstaunt über die Antwort der Tochter: *Papa, das findest du ja vielleicht interessant. Ich stelle mir eine ganz andere Frage. Ich will wissen, wer hat sich das alles eigentlich ausgedacht?*

Es ist wohl offensichtlich, dass dies nicht eine Frage nach irgendeiner Person oder einem besonderen Wesen ist, sondern eher die Frage: Wie steht dieses Phänomen im Weltenganzen? Wo gibt es sinnvolle Zusammenhänge? Wofür könnte diese Erscheinung ein Bild sein?

---

3   Marco Wehr ist Physiker, Mathematiker und professioneller Tänzer. Sein Buch *Welche Farbe hat die Zeit? — Wie Kinder uns zum Denken bringen* gibt anregende Gesichtspunkte zu unserer Fragestellung.

Fragen, die den Ursprung des Seienden berühren, sind es, die uns da entgegentreten, wenn wir ihnen nur Raum geben, sie vorsichtig herauslocken. Und die Kinder und Jugendlichen erwarten ja keine Antwort im üblichen Sinne. Sie erwarten, dass wir mit ihnen neue Wege gehen, die sie der Antwort näher bringen, wobei ständig neue Fragen entstehen. Dass dabei das fundierte Wissen der Lehrperson mit einfließt, steht außer Frage.

Über die besonderen Aufgaben des Erwachsenen in diesem Prozess werden wir später noch eingehend sprechen.[4]

---

[4] Siehe Kapitel „Der authentische Lehrer".

Was ist Wahrheit?

In einer großen Pause, im Schulbetrieb einer Waldorfschule, hat ein Mädchen verbotenerweise einen recht hohen Baum erklettert und schaut von dort herab dem Treiben auf dem Schulhof zu. Ein erst vor Kurzem eingestellter Lehrer führt die Pausenaufsicht. Er entdeckt das Mädchen: „Komm sofort da herunter!" Das Mädchen: „Wer sind Sie, dass Sie mir das befehlen dürfen?" Der Lehrer muss sich sozusagen vorstellen und seine Berechtigung nachweisen, worauf das Mädchen problemlos herunterkommt. Diese Eigenart, in solchen Situationen immer erst die Kompetenzen zu prüfen, wird man immer häufiger antreffen.
Vor einiger Zeit durfte ich erleben, wie Schülerinnen und Schüler der 12.Klasse einer Waldorfschule um ein offizielles Gespräch baten und die Lehrerschaft fragten, nach welchen Kriterien sie die Jahresarbeiten beurteile. Der Grund hierfür war, dass drei Jahresarbeiten nicht anerkannt wurden. Die Kriterien konnten genannt werden, aber bei näherer Betrachtung der nicht anerkannten Arbeiten erwiesen sich die Schüler als die weitaus besseren Kenner der Arbeiten ihrer Klassenkameraden. Die Lehrerschaft reagierte besonnen und es wurde ein Gremium von Schülern und Lehrern gebildet, das sich dieses Problems annahm. Eindrucksvoll war für mich die unemotionale Sachlichkeit, mit der

die Schülerinnen und Schüler auftraten, um zum wahrhaftigen Urteil zu kommen. Immerhin ist es wohl auch ein Verdienst der Schule, dass sie solche Eigenschaften gefördert hat. Aber es ist auch typisch für eine junge Generation, in jeder Situation die Wahrhaftigkeit zu prüfen.

Dies alles ist aber gewissermaßen noch die Außenseite des Wahrheitsempfindens einer neuen Generation. Schauen wir auf die Innenseite:

Wenn, wie im vorigen Kapitel beschrieben, die Kinder und Jugendlichen nach den bewirkenden Kräften, nach der „Innenseite der Dinge" fragen, so ist dies zugleich die Suche nach der „wahren" Wirklichkeit. Wir werden ja auch, um ein Bild zu gebrauchen, die treibenden Kräfte einer Uhr nicht nur aus ihren Zeigerstellungen ablesen können, sondern indem wir in ihr „Inneres" schauen und wahrnehmen, was „hinter den Zeigern" wirkt. In diesem Beispiel ist es einfach zu überschauen, denn wir bleiben auf derselben Wahrnehmungsebene. Anders ist es, wenn wir beispielsweise über Licht, Materie, Luft, Erdbewegung, Wasser oder den musikalischen Ton nachdenken. Um uns da den wirkenden Kräften nähern zu können, müssen wir uns erst neue Wahrnehmungsfähigkeiten im Suchen erringen.

An dieser Stelle möchte ich noch einmal an einen Ausschnitt aus Arnold Schönbergs Einleitung zu seiner „Harmonielehre" erinnern, der als Motto mein 2007 erschienenes Buch[5] begleitete:

---

5   W. Wünsch: *Verstehen wir die Botschaft der Kinder?*

Der edelste Trieb, der Trieb zu erkennen, legt uns die Pflicht auf, zu suchen. Und eine in ehrlichem Suchen gefundene Irrlehre steht noch immer höher als die beschauliche Sicherheit dessen, der sich gegen sie wehrt, weil er zu wissen vermeint — zu wissen ohne selbst gesucht zu haben! Es ist geradezu unsere Pflicht, über die geheimnisvollen Ursachen der Kunstwirkungen immer wieder nachzudenken. Aber immer wieder, immer wieder von vorne anfangend; immer wieder von neuem selbst beobachtend und selbst zu ordnen versuchend. Nichts als gegeben ansehend als die Erscheinungen. Die darf man mit mehr Recht für ewig ansehen, als die Gesetze, die man zu finden glaubt. Wir dürften, da wir sie bestimmt wissen, mit mehr Recht unser Wissen um die Erscheinungen Wissenschaft nennen als jene Vermutungen, die sie erklären wollen.

Solch ein ehrliches Suchen des Lehrenden empfinden die Schüler nicht nur als wahrhaftig, sondern es lockt auch ihre mitgebrachten Fähigkeiten und „Belehrungen" heraus. Deshalb sollte die Triebfeder des Lernens stets die Suche nach neuen Erkenntnissen sein.

Der individuelle Weg

Die zur Wahrheit wandern, wandern allein,
keiner kann dem andern Wegbruder sein.

Aus dieser Strophe des bekannten Gedichtes von Christian Morgenstern spricht die Erfahrung eines wirklich Wegkundigen. Und dieses Gedicht fand und findet noch immer Resonanz bei all denen, die den Weg der höheren Erkenntnis — auf welche Weise auch immer — gehen oder wenigstens anstreben.

Wenn nun eine neue Generation auf die Erde kommt, deren Bestreben es ist, die Hintergründe des Seins mehr und mehr zu entdecken, so liegt es nicht fern, dass diese Kinder und jungen Menschen auch schon viel individueller geprägt zur Welt kommen. Und das wird auch allerorten wahrgenommen.

Wenn Remo H. Largo[6] schreibt: ... *Dieser Vielfalt der Begabungen unter den Schülern kann nur ein individualisierter Unterricht gerecht werden,* so kann etwa die Frage entstehen: Wie lernen 30 Schüler, jeder auf seinem individuellem Weg, den Lehrsatz des Pythagoras?

---

6 Der Schweizer Kinderarzt Remo H. Largo hat sich vielfach zu fundamentalen pädagogischen Fragen geäußert. Das Zitat ist seinem Buch *Wer bestimmt den Lernerfolg: Kind, Schule, Gesellschaft?* entnommen.

Bedenken wir, wie viele Möglichkeiten es gibt, sich mit den Eigenschaften von Dreiecken vertraut zu machen, so kann der Weg zu einem solchen Gesetz ein sehr vielgestaltiger sein. Lassen wir der Phantasie der Kinder freien Lauf. Einigen wird die Schönheit der Zeichnungen ein Anliegen sein, andere entdecken gewisse Eigenschaften in den verschiedenen Verwandlungsformen, wieder andere setzen Figuren aus Dreiecken zusammen. All das wird dann gemeinsam angeschaut und schon dabei können erstaunliche Wahrnehmungen auftauchen. Nach solchen individuellen Studien wird es für die Lehrperson ein Leichtes sein, die Kinder an das Gesetz heranzuführen.

Durch die individuellen Studien der Kinder ist es aber nicht nur leichter geworden, an ein solches Gesetz heranzuführen, es sind gewiss auch andere Entdeckungen gemacht worden, die weiterhin in der Geometrie gebraucht werden.

Dabei geschieht noch etwas anderes — auch darauf weist Remo Largo hin –, was ich an folgendem Erlebnis darstellen möchte:

In einer dritten Klasse, die sich schon dem letzten Schulquartal näherte, versuchte ich — anfangs anscheinend vergeblich — die Schülerinnen und Schüler zu kleinen selbständigen musikalischen Versuchen anzuregen. Doch eines Tages kamen zwei Schüler auf mich zu, die versucht hatten, ein Lied, das wir gesungen hatten, als Kanon zu spielen. Tatsächlich, der Anfang klang überzeugend, dann allerdings wurde es mehr und mehr verworren. Die Klasse gab verschiedene Ratschläge, ob man aus dem ersten Teil nicht gesondert einen Kanon machen könne, das gab erst einmal keine gute Form. Die Frage blieb offen.

Nun meldeten sich mit der Zeit immer mehr aus der Klasse, die etwas probiert hatten: ein Lied auf einem anderen Instrument zu spielen, zu einem Lied eine einfache zweite Stimme oder in einer anderen Tonart zu spielen, usw. Es gab ein Mädchen in der Klasse, das eine hervorragende Programmgestalterin war. Bei ihr meldeten sich gleich zu Anfang alle, die etwas vortragen wollten.

Im Nu hatte sie das Programm fertig, alle setzten sich auf ihre Plätze, der Lehrer saß an der Seite. Das Mädchen rief programmgemäß auf, die Vortragenden kamen vor und spielten. Alle hörten wohlwollend zu, auch, wenn es manchmal noch etwas unvollkommen war. Nach einer Darbietung entstanden oft spontan neue Ideen.

Etwas war aber besonders auffällig: Es herrschte während der Darbietung selbstverständliche Ruhe. Das Interesse an der Andersartigkeit des anderen wuchs. Eine neue Gemeinschaft entstand, weil jeder Interesse an den Ideen der anderen entwickelte. Indem wir die individuellen Fähigkeiten herauslocken, entsteht eine neue Art von Gemeinschaft. — (Vielleicht auch ein Tipp für Völkergemeinschaften?)

Nachdem die Kinder auf diese Weise gelernt hatten, gut auf den anderen zu hören, war auch folgende bei den Schülern sehr beliebte Übung möglich:

Die „Klassenmelodie":
Die Klasse, die zeitweise nur aus 13 Schülern bestand, stand in Hufeisenform, ein jeder mit der Flöte in der Hand. Die Aufgabe war, eine durchgehende Melodie zu improvisieren, zu der jeder nur wenige Töne beitrug und die in der Mitte ihren Halbschluss finden sollte, dann wieder erneut sich entfalten und bei dem letzten ihren Schlusston finden sollte (der nicht unbedingt der Grundton sein musste). Lebendig wurde das Ganze dadurch, dass kleine rhythmische Einfälle und interessante Intervallsprünge weitergegeben wurden und dadurch ein besonderer Charakter entstand.

Eine besondere Aufgabe der Lehrerin oder des Lehrers besteht bei so einer Übung darin, die Besonderheit und Einmaligkeit eines jeden anvertrauten Kindes herauszufinden und ab und zu — auch vor der Klasse — zu würdigen. Wie oft habe ich erlebt, dass Kinder und junge Menschen, die ihre besonderen individuellen Fähigkeiten — welcher Art auch immer — einbringen durften, für ihr Lernen in allen Bereichen motiviert wurden. Die Entdeckung ihrer Einmaligkeit gab ihnen Sicherheit und Mut.

Doch oft sind diese besonderen Fähigkeiten sehr verborgen:

Wir hatten — die Begebenheit liegt schon einige Jahre zurück — in unserer noch recht jungen Schule einen Schüler, der sehr häufig krank war, so dass er es in einigen Fächern schwer hatte, den Anschluss zu halten. Als junges Kollegium hatten wir uns ein Gesetz gegeben: Ein Schulwechsel darf nicht empfohlen werden, wenn auch nur ein Lehrer sagen kann: Bei mir kommt er gut mit. Und — dies war der Werklehrer. Der Schüler blieb also, trotz aller Schwierigkeiten, bis zur 12. Klasse und machte, wie alle anderen, den Abschluss, der damals zugleich die Mittlere Reife beinhaltete. Als Abschlussarbeit baute er unter Betreuung des Werklehrers einen Ritterhelm, getreu nach alten Vorbildern. Der Helm war gut gearbeitet, mit aufklappbarem Visier, eine wirklich beachtliche Leistung. Noch erstaunlicher war der Vortrag dieses Schülers über die mittelalterlichen Ritter-Regeln, besonders bei Turnieren. Alles war äußerst genau recherchiert und lebendig vorgetragen. Die größte Überraschung kam dann etwa acht Jahre später. Eine ganze Zeitungsseite war diesem inzwischen jungen Mann gewidmet. Er hatte nach dem Abschluss an der Schule eine Glasfachschule besucht und dort alle künstlerischen Formen der Glasbehandlung gelernt — wie z.B. Bleiverglasung, verschiedene Färbungsmethoden, Glas-Schleifen, Gravur usw. Nach Abschluss dieser Ausbildung hatte er den Weg des Restaurators eingeschlagen, Restaurator für Glasfenster in Burgen und Schlössern (also vornehmlich solche mit Ritterdarstellungen) und war inzwischen dafür Experte im ganzen europäischen Raum.

An diesem Beispiel können wir etwas ganz Entscheidendes erkennen: Wenn es uns gelingt, die individuellen Lebensziele und Begabungen aus dem Kinde oder jungen Menschen herauszulocken, wird er seine ganzen Kräfte einsetzen, um das zu lernen, was ihn seinem Ziele näher bringt.

Entdeckerfreude und verborgene Fähigkeiten

Vor längerer Zeit gab ich einmal — angeregt durch Faradays *Naturgeschichte einer Kerze* — in einer neunten Klasse die Aufgabe: „Beobachtet eine brennende Kerze und schreibt eure Beobachtungsresultate auf!" Am nächsten Tag hatten alle Schülerinnen und Schüler die Aufgabe gemacht und bei einigen füllten die Beschreibungen mehrere Seiten. Ein Mädchen beschrieb eingehend die Wanderung eines Rußteilchens im flüssigen Wachs (so, wie man es ähnlich im Großen an Lavaseen beobachten kann).

Dieses kleine Beispiel, das hier stellvertretend für viele vergleichbare steht, kann uns erhellen, wie beschränkt oft unser eigener Blick auf die Phänomene ist. Auch bei einem einfachen physikalischen Versuch, bei dem wir als unterrichtende Fachleute das Resultat genau zu kennen glauben, entdecken Schülerinnen und Schüler oft Randerscheinungen, die wir noch gar nicht wahrgenommen haben, weil wir zu zielorientiert beobachten. Die Jugendlichen schauen viel unbefangener, wenn wir ihnen den Raum dazu geben, und wie oft sind aus kleinen Nebenbeobachtungen schon neue Erkenntnisse erwachsen.

Die Entdeckerfreude wächst, wenn die jungen Menschen frei, nicht zielorientiert, beobachten dürfen. Wenn dann die verschiedenen Beobachtungsergebnisse zusammengetragen werden, kann der Unterricht mitunter eine ganz unerwartete Richtung bekommen. Aber das macht die Sache noch spannender.

Was da oft an verborgenen Fähigkeiten in jungen Menschen schlummert, wurde mir einmal deutlich bei einem Experiment, bei dem ich es niemals erwartet hätte:

In einer 10. Klasse führten wir ein „Vorhangexperiment" durch. Diese Idee hatte ich von dem Medienwissenschaftler Heinz Buddemeier übernommen, dessen Kurse ich oft besuchte, teilweise auch als Mitarbeiter.

In unserem Falle saßen auf der Bühne ein Gitarrist und ein Flötist. Diese beiden Musiker hatten ungefähr zehn barocke Tänze einstudiert und ohne Nachbesserung auf Tonträger aufgenommen. Hinter jedem Musiker stand ein Lautsprecher, angeschlossen an das Wiedergabegerät, in dem die Aufnahmen gespeichert waren. Der Vorhang wurde geschlossen. Die beiden Musiker spielten nun in unregelmäßiger Folge entweder live oder ließen den Lautsprecher erklingen. Tastengeklapper zwischen den einzelnen Tänzen war obligatorisch. So konnte man von den Nebengeräuschen her keine Schlüsse ziehen, ob live oder via Apparat gespielt wurde. Aufgabe war nun, genau dies vom reinen Gehörseindruck her zu unterscheiden. Üblicherweise liegt dabei die Trefferquote bei einem einigermaßen musikvertrautem Publikum bei etwa 70 Prozent. Die Zehntklässler erreichten 92 Prozent. Im Herausgehen fragte ich einen Schüler: „Wie macht ihr das, dass ihr zu so guten Ergebnissen kommt?" „Ist doch klar", war die

Antwort, „entweder kommt die Musik so ‚platsch' an einen heran (dabei schlug er sich mit der flachen Hand auf die Brust) oder sie geht ‚so durch' (dabei machte er mit beiden Armen Kreise beidseitig des Körpers)."
Eine übersinnliche Wahrnehmung in Jugendsprache. So weit war ich selbst noch nicht. Lächelnd setzte er noch hinzu: „Wir hören trotzdem unsere Musik!"
Um das nächste Beispiel, das ich gern anfügen möchte, zu verdeutlichen, muss ich zunächst einen kleinen Umweg machen.
Hans Kayser (1891 – 1964), Harmoniker auf den Spuren des Pythagoras, hat in seinem Buch *Bevor die Engel sangen* Äußerungen über Musik von den frühen Hochkulturen bis in die Neuzeit zusammengetragen. Dort findet man eine kleine Erzählung aus der Kabbala (Schule der jüdischen Mystik). In diesem Falle unterrichtet ein Lehrer seinen Schüler über die himmlische Melodie:

Es gibt Melodien, die Worte haben müssen ... Das ist die niedrigste Stufe. Und es gibt eine höhere Stufe: die Melodie braucht keine Worte; sie wird ohne Worte gesungen, als reine Melodie ... Aber auch diese Melodie bedarf einer Stimme und braucht Lippen, durch die sie dringt! Und Lippen sind — du verstehst mich doch? — etwas Körperliches. Daher ist auch die Stimme, wenn auch eine edle Form des Körperlichen, aber immerhin etwas Körperliches! Nehmen wir an, dass die Stimme auf der Grenze zwischen Geistigem und Körperlichem steht! Doch in jedem Falle ist die Melodie, die der Stim-

me bedarf, noch nicht ganz rein, nicht ganz geistig! — Die richtige, höchste Melodie wird aber ganz ohne Stimme gesungen ... Sie tönt im Innern des Menschen, in seinem Herzen, in allen Gliedern. So sind die Worte des Königs David zu verstehen: ‚Alle meine Gebeine lobpreisen Gott!' Im Marke der Knochen muss es tönen, und das ist das schönste Loblied auf den Herrn, gesegnet sei sein Name! Denn eine solche Melodie ist nicht von einem Wesen aus Fleisch und Blut erfunden. Sie ist ein Teil jener Melodie, mit der Gott die Welt erschaffen hat, ein Teil der Seele, die er ihr eingegeben hat ... So singen die himmlischen Heerscharen! ...[7]

Vor einigen Jahren gab ich in der 11.Klasse einer Waldorfschule eine Musikepoche. Die Schüler führten ein Epochenheft mit Berichten, die völlig frei gestaltet werden durften. Am Ende der Epoche las ich in dem Heft eines Mädchens Folgendes:

Ich kam an einem Tag zu spät und platzte gerade rein, als ein mehrstimmiges Lied gesungen wurde, und war wirklich überwältigt. Es klang total schön und sehr anders, als wenn man selbst in der Masse steht und mitsingt. Das war echt schön, doch leider zu kurz. Es klingt vielleicht blöd, aber es durchflutete meinen Körper richtig und machte mich irgendwie tiefenentspannt glücklich!

---

7   Hans Kayser: *Bevor die Engel sangen*. Basel 1953, S. 52

Wieder ein Musikerlebnis, das weit über das alltägliche Maß hinausgeht! Es zeigt eine gewisse, wenn auch vielleicht noch ferne Verwandtschaft zu dem, was wir gerade aus den Erzählungen der Kabbalisten gehört haben.

Auch wenn es zu hoch gegriffen erscheinen mag: Seien wir aufmerksam auf das, was da an neuen Fähigkeiten sich entwickeln möchte!

Die neuen Willenskräfte

Wer noch vor kurzem glaubte, der Wille der heutigen Jugend sei durch die Übermacht der Medien schon abgelähmt, wurde bald darauf schon eines anderen belehrt. Die Fridays for Future-Bewegung brachte und bringt viele junge Menschen auf die Straße. Die Aktionen sind gut geplant und organisiert. Das Ziel: Nicht über den Klimawandel reden, sondern etwas tun! Auch haben die Jugendlichen sich gründlich mit dem wissenschaftlichen Stand der Klimaforschung vertraut gemacht.
Das aber ist wiederum nur die äußere Seite der neuen Willenskräfte.
Wenn die junge Generation sich danach sehnt, die weisheitsvoll schaffenden, bewirkenden Kräfte zu erkennen, so kann das nur durch ein prozessuales Erkennen geschehen, denn im Nachvollziehen eines Prozesses ist man selbst schöpferisch mit dem Willen beteiligt. Dieses schöpferische Prinzip wird alles suchende Erkennen durchziehen.
Wir haben weiter oben erfahren, wie Schüler beim Anhören von Musik den Prozess erleben, der sich in ihnen abspielt, wie sie beim Beobachten die feinsten Bewegungsprozesse wahrnehmen. Analyse tritt in den Hintergrund, dafür wird gestaltendes Erkennen geübt, Phantasiekräfte entfalten sich, die wiederum zur

„sinnlich-exakten Phantasie" (nach Goethe) gezähmt werden müssen. Im nächsten Kapitel werden wir noch versuchen, einige praktische Hinweise dazu zu geben.

Der authentische Lehrer

Es wird also die Aufgabe des Lehrers oder der Lehrerin sein, den neuen Zielen, den „Belehrungen"[8], welche die Kinder mitgebracht haben, zum Durchbruch zu verhelfen. Dazu wird der Erwachsene das, was ihn bisher als sicheres Wissen getragen hat, in den Hintergrund stellen und selbst zum Suchenden werden. Es geht darum, echte Fragen zu stellen, deren Antwort noch gesucht wird. Aus der Unsicherheit, die dadurch entsteht, muss nun eine neue Art der Sicherheit erwachsen.

Peter Fratton schreibt in seinem Buch *Lass mir die Welt, verschule sie nicht*:

Dabei handelt es sich um einen Generierungsprozess, mit Neuorientierung und Umwertung des bisher Erfahrenen und um die Neueinbindung in ein Lebensverständnis, das geprägt ist von der Sicherheit des Nichtwissenkönnens.

Und diese neue Sicherheit gewinnt der Lehrer, indem er ein „Wegkundiger" wird. Die Fragen und Anregungen der Schülerinnen und Schüler werden ihn dabei inspirieren.

---
8   Vgl. die eingangs zitierte Bemerkung von Rudolf Steiner.

Wenn eine Lehrperson im Unterricht nur gut eingeprägtes und fleißig gelerntes Wissen so weitergibt, wie sie es einst empfangen hat, empfinden das die Jugendlichen als nicht authentisch. Sie vermissen die persönliche Verarbeitung und Stellungnahme und es motiviert sie nicht.

Einst hospitierte ich bei einem jungen, begabten und schon recht erfolgreichen Lehrer in Biologie im Oberstufenunterricht. Es ging um die Verdauung. Es wurden sehr genau die ganzen Abbau-Prozesse geschildert und „zuletzt", so der Lehrer, „entsteht Traubenzucker und der geht dann in Energie über." Ein Mädchen meldet sich: „Das verstehe ich nicht." Der Lehrer wiederholt alles noch einmal ganz genau. „Das verstehe ich nicht!" Der Lehrer: „Was verstehen Sie denn nicht?" Das Mädchen: „Traubenzucker ist für mich eine Substanz, für Sie auch?" „Ja", „und Energie ist für mich eine Nicht-Substanz." „So kann man es sagen." „Wie geht nun eine Substanz in eine Nichtsubstanz über?" Der Lehrer bittet sich Bedenkzeit aus und kommt am nächsten Tag mit dem Ergebnis in die Schule, dass es darüber bisher noch keine Forschungsergebnisse gäbe. Dass der Lehrer auf diese Frage keine Antwort wusste, fanden die jungen Leute nicht schlimm. Aber dass er sich bisher noch nie selbst die Frage gestellt hatte, fanden sie erstaunlich.
Diese Stunde ist diesem jungen Lehrer über viele Jahre im Gedächtnis geblieben und hat ihn immer wieder beschäftigt. Inzwischen hat er seine Gedanken in

mehreren Büchern festgehalten und mehrere Arbeitsgruppen ins Leben gerufen, die sich mit diesem Thema beschäftigen. Immer geht es dabei um die Frage: Wie kann man Lebendiges oder auch Spirituelles denken?
Für das soeben Besprochene finden wir in vielen Märchen ein Bild:
Oft verliert der Held im Märchen auf seinem beschwerlichen Weg auch noch sein Pferd. Entweder, es versinkt im Morast oder er muss es, aus welchen Gründen auch immer, selbst töten. Und dann — so heißt es im Märchen — „mussten ihn die eigenen Füße tragen."
Das ist es, die eigenen Füße! — Was ihn bisher getragen hat, muss er hinter sich lassen.
Möge die Lehrerin oder der Lehrer immer wieder den unausgesprochenen Ruf der Klasse vernehmen: „Lieber Lehrer, lass dein Pferd zuhause!"

Einiges zur Praxis

Als Lehrerinnen oder Lehrer werden wir also jedes Mal das, was wir unterrichten möchten, erneut hinterfragen, selbst auf Rätsel stoßen und uns überlegen, wie wir Schülerinnen und Schüler auf kreative Weise auf die Fährte setzen können und dabei mögliche individuelle Wege ins Auge fassen. Versuchen wir einmal an einigen Beispielen auf verschiedenen Gebieten Ideen zu entwickeln.

Grammatik: Keine Analyse! Beispielsweise versuchen wir, Bewegungen nachzuspüren, welche die Fülle der möglichen Verben hervorlocken. Hier einige Anregungen, um zu verdeutlichen, in welche Richtung dies gehen könnte: das Verhalten eines Vogels in und am Futterhaus; das Rauschen des Windes in den Baumkronen; das Beobachten von Wasser, das zum Kochen gebracht wird; Schneefall, usw. Wenn die Verben noch nicht alles ausdrücken können, was man wahrnimmt, kommen Adverbien zu Hilfe. So lernt man diese Wortart auch gleich kennen.

Betrachten wir dagegen ruhende Objekte — Landschaft in der Abenddämmerung; ein einsames Schloss — so werden wir mit den Adjektiven vertraut. Doch plötzlich ragt hinter dem Schloss ein Turm auf — ein Verb im Ruhenden? Kann im Betrachten von etwas Ruhendem auch Bewegung sein?

Wir lernen also Grammatik zuerst aus kleinen schriftstellerischen Übungen kennen. Am Ende haben die Schülerinnen und Schüler vielleicht selbst Lust, in einer eigenständig gestalteten Tabelle die grammatikalischen Begriffe festzuhalten.
Selbstverständlich drängen sich auch hier Fragen auf, sowohl für die Schüler wie auch für den Lehrer, z.B.: Weshalb verschwindet immer mehr der Genitiv?[9] Ist das eine zeitgemäße Notwendigkeit, oder sollten die Menschen wieder mehr Feingefühl entwickeln, das im Sozialen eine so große Rolle spielt? — „Des schlechten Wetters wegen haben wir den Ausflug verschoben" oder: „Wegen dem schlechten Wetter haben wir den Ausflug verschoben?" Welcher Unterschied im Empfinden?
Auch das Futur tritt immer mehr in den Hintergrund. „Im Sommer fahren wir nach Spanien." Wir befinden uns gerade im Februar. Vielleicht sähe es anders aus, wenn uns nicht so viel abgenommen würde. „In diesem Sommer werden wir zum ersten Mal Spanien mit dem Fahrrad erobern!" Liegt es daran, dass Zukunft heute oft so wenig mit dem eigenen Willenseinsatz zu tun hat?
Auch gibt es Situationen, wo die strengen grammatikalischen Regeln einengen: Es soll eine Geschichte erzählt werden, in der ein junges Mädchen aus zwingenden Gründen in der Dunkelheit einen Weg gehen muss, der ein Stück weit durch ein Waldstück führt.

---

9   Siehe auch Sebastian Sick: *Der Dativ ist dem Genitiv sein Tod.*

(Wir befinden uns in einer allgemein friedlichen Umgebung.) Jemand beginnt die Erzählung so: „Stille. Unheimliche Stille ..." Das erste Wort — ein ganzer Satz? — Richtig wäre doch eher: „Stille herrschte ringsum". Aber schon wäre der Leser damit im Beobachterstandpunkt, während er vorher selbst von der Stille umgeben war. Wann dürfen wir die Regeln erweitern, und aus welchen Gründen?

Man kann natürlich einwenden, solche Anforderungen seien für die jungen Menschen doch ein wenig zu hoch, doch, wie gesagt, unterschätzen wir nicht die mitgebrachten Fähigkeiten der Jugendlichen, die solche Feinheiten im Gestalterischen sehr wohl wahrnehmen!

Musik — quo vadis musica?

Das ist die Frage. Jede Zeit hatte ihren besonderen Musikstil. Was ist die Musik unserer Zeit, d.h. eine Musik, die den tieferen Bedürfnissen der Kinder und Jugendlichen nachkommt, im Einklang zu sein mit den schöpferischen Weltenkräften (was u.a. Karlheinz Stockhausen beschäftigt hat und womit sich Sofia Gubaidulina intensiv auseinandersetzt)?
Was in diesem Zusammenhang ebenfalls eine Rolle spielt, ist die Neuentdeckung des musikalischen Tones. Auch mit Schülerinnen und Schülern kann man damit auf Entdeckungsreise gehen: Schlagen wir etwa eine Metallplatte an: Wie können wir erreichen, dass der Ton möglichst frei klingt und der „Geburtsschmerz" möglichst gering gehalten wird? Liegt die Intensität mehr im Zurückfedern des Schlegels? Und wie entfaltet sich der Ton auf einer Xylophonplatte? Hängt die etwas dumpfere Art des Tones damit zusammen, dass Holz, auch wenn es noch so lange abgelagert ist, doch noch etwas Leben in sich trägt? Wie klingen die verschiedenen Metalle, die verschiedenen Hölzer, wie klingt Glas oder Keramik, eine gespannte Saite ohne und mit Resonanzraum, wie klingen Steine?
Wie man bei solchen und ähnlichen Übungen das Hören der Kinder in besonderer Weise schulen kann, dazu

findet man bei Reinhild Brass[10] wertvolle Anregungen. Und nun kann man auch ganz neuartige Konzerte improvisieren, Konzerte, in denen die Klänge der verschiedenen Materialien miteinander korrespondieren. Wie macht man das, wie gestaltet man Übergänge, z.B. auch rhythmisch?

Für solche Ansätze hat Manfred Bleffert[11] aus seinen Forschungen heraus zukunftsweisende Impulse gesetzt.

Auch im Gesanglichen erlebte ich im Jahr 2016, in dem ich noch bis zu meinem 90. Lebensjahr u.a. eine 3.Klasse unterrichtete, eine Überraschung: Die Klasse sang gerne, aber immer etwas unsauber. Ich wagte Folgendes: Ich sagte ihnen, sie würden in Wirklichkeit den Ton „empfangen". Sie könnten ihn in einem Punkt über der Nasenwurzel einsaugen, dort würde er sich „festhaken" und dann durch den ganzen Leib ausbreiten, sodass sie ihn dann nach allen Seiten, vornehmlich nach hinten abstrahlen könnten. Nach ein paar kurzen NG-Übungen sangen wir, und mit einem Schlag war ein neuer Klang da. Es war so, als hätten die Kinder darauf gewartet, dass ihnen jemand sagt, wie sie das, was sie als vorgeburtliche Belehrungen bereits in sich trugen, auf diesem Gebiet umsetzten könnten.

Ich weiß, es klingt unwahrscheinlich, jedenfalls wurde es aber von anderen im Zuhören bemerkt — und noch

---

10   Reinhild Brass: *Hörwege entdecken*.
11   Manfred Bleffert, Musiker, Klangforscher, Instrumentenbauer. — Siehe dazu auch: Christiane Kumpf: *Die Metall-Klanginstrumente von Manfred Bleffert*.

erstaunlicher: Drei Jahre später wurde ich gebeten, in derselben, nun 6. Klasse zu hospitieren und als die Klasse sang, da war er wieder — hauptsächlich bei den Mädchen — dieser Klang, an den in der Zwischenzeit keiner erinnert hatte, geschweige denn daran geübt.
— Unterschätzen wir das nicht, was die Kinder uns im Verborgenen mitbringen!
Schauen wir noch ein anderes musikalisches Übfeld an, in welchem es für die Kinder vieles zu entdecken gibt. An einem kleinen Beispiel möchte ich zeigen, wie die Kinder schon in den unteren Klassen zu freien Gestaltungen im tonalen und modalen Bereich kommen können.
Die Aufgabenstellung:
Wie klingt eine Drei-Ton-Melodie (mit den drei Tönen c, d und e, am besten auf einem Metallophon gespielt) zu einer Bordunquinte?[12] Wir untersuchen verschiedene Möglichkeiten, verwenden einmal die Bordunquinte c – g, ein andermal a – e. Auch probieren wir die Quintklänge f – c und d – a. Bei diesen beiden letzten Bordunquinten kommt man aus der strengen harmonischen Bindung heraus, und es kann durchaus vorkommen, dass die Dreiton-Folge über der Quinte f – c auf e endet, weil die Septime f – e einen gewissen Klangreiz hat. Wir kommen also schon in das Gebiet der Klang-

---

12   Ähnliche und noch viele weitere aus der musikpädagogischen Arbeit heraus entstandene Improvisationsaufgaben habe ich ausführlicher dargestellt in meinen früheren Publikationen: *Menschenbildung durch Musik* (1995) und *Musikalische Improvisation* (2012).

farben. Wie ist es, wenn nun zu der Bordun-Quinte ein dritter Ton und damit die Sekund als Zusammenklang auftritt oder der Schluss-Akkord c' – g' – d'' heißt?

Die Sekunde als Zusammenklang scheint den heutigen Kindern sehr vertraut zu sein, und entspricht dieses für die Sekunde so charakteristische „immer in Bewegung, immer auf dem Weg sein" nicht ihrer Suche nach den Rätseln der Welt? — In den Opern, die meine Frau und ich im Laufe der Zeit für 5. und 6. Klassen geschrieben haben, werden solche Klänge von den Kindern nicht nur akzeptiert, sondern auch als schön empfunden.[13] Hier hat in den letzten Jahrzehnten eine spürbare Wandlung stattgefunden. Vor etwa 100 Jahren konnte Rudolf Steiner noch in einem seiner Musikvorträge konstatieren: *An dem herzhaften Erleben der Sekund ist der Mensch heute noch nicht angelangt.*[14] Da sind die Kinder heute schon durchaus weiter und haben ein ganz anderes Verhältnis zu Tonalität, Konsonanz und Dissonanz.

Das Gebiet der musikalischen Improvisation bietet, durch die Altersstufen der Heranwachsenden hin-

---

[13] *Des Königs Beruf* (2002), *Tair und Dshafira* (2006), *Des Teufels Schwiegermutter* (2009), *Albolina und die Bregostena* (2014). Klavierauszug und Aufführungsmaterial im Vertrieb der edition zwischentöne.

[14] R. Steiner: *Das Tonerlebnis im Menschen*. Vortrag vom 8.3.1923 (GA 278, Dornach 2015). — In dieser Zeit hatten die Komponisten gerade erst begonnen, sich der Welt der Sekundklänge zu nähern. Man denke etwa an Strawinkys *Le sacre du printemps* (1913) oder an Debussys Klavier-Prélude *Des pas sur la neige* (1910).

durch, eine immense Fülle von Möglichkeiten. Hier können die Schülerinnen und Schüler ihre Einfälle einbringen und immer wieder neue Entdeckungen machen.

Auch alles, was wir an Literatur singen oder spielen wollen, bereiten wir improvisatorisch vor. Aus charakteristischen Keimzellen heraus schaffen wir selbst kleine Werke und werden dann, wenn wir das Meisterwerk erarbeiten, zu einem deutlich vertieften Verständnis gelangen.

Wenden wir uns einem anderen Bereich zu.

Rechnen und Mathematik

Hier gibt es doch nun wirklich nur richtig und falsch, oder?
Auf der einen Seite ist Fehler machen zu dürfen ja ein bewährtes Lernmittel, wenn z.B. die Kinder eine neue Rechenart erst einmal selbst probieren können, auf der anderen Seite bieten die Zahlen auch Anreize mit ihnen zu spielen. Peter Fratton: *Statt Mathematik zu lernen oder zu unterrichten soll Mathematik gespielt werden.* Man kann z.B. Zahlen in Figuren anordnen, in denen man gewisse Ordnungen entdeckt, oder Zahlenspiele mit oder ohne Würfel erfinden.
In der Geometrie ergeben sich Möglichkeiten, aus Keimzellen die verschiedensten Figuren entstehen zu lassen. In beeindruckender Weise erlebte ich vor längerer Zeit, wie ein Klassenlehrer — der eigentlich Mathematiker war — in einer fünften Klasse den Zirkel so einführte, dass eine waagerechte Linie mit einem Punkt in der Mitte die Basis bildete. Dieser Punkt wurde zum Mittelpunkt des ersten Kreises, der zwei Schnittstellen mit der Geraden hatte. Setzte man an einer der Schnittstellen den Zirkel wiederum ein, so entstanden neue Schnittstellen, nun auch mit den Kreisen. Jede Schnittstelle konnte der Ausgangspunkt für neue Kreise sein. Auf diese Weise entstanden Rosetten, deren Segmente farbig gestaltet werden konn-

ten. Dann entdeckten einige Schülerinnen und Schüler, dass man auch Vielecke einzeichnen konnte. Es gab so viele Möglichkeiten!
In dieser Zeit fand ein Elternabend statt. Eine Mutter beschwerte sich: „Wann hört diese Epoche endlich auf?" Allgemeines Erstaunen. — „Ja, wir kriegen unsere Kinder nicht mehr ins Bett." Das Rosetten-Fieber war ausgebrochen. Zahlreiche Kalender entstanden und alles ohne Aufforderung!
Im „Spiegel" erschien vor einigen Jahren ein langer Artikel über die heutige Situation des Mathematikunterricht an Schulen. Neue Konzepte wurden dargestellt. Dabei kamen führende Mathematik-Didaktiker zu Wort. Da diese Aussagen so treffend sind, lasse ich hier ein längeres Zitat folgen:

Für den Dortmunder Mathematikdidaktiker Erich Wittmann ist das kleine Mädchen [das bisher keinen Zugang zur Mathematik fand] *ein typisches Opfer üblen Unterrichts: „Alle Kinder sind fasziniert von Zahlen und Mustern", sagt Wittmann. „Und sie sind viel klüger, als wir denken. Man darf das nicht unterschätzen". Doch die Schule nutzt das Potential der ABC-Schützen bei weitem nicht aus. Schlimmer noch: Schon Grundschülern werde das Fach fast systematisch verleidet. Unnatürlich, formalisiert und abschreckend sei viel zu oft, was in den Klassenzimmern zwischen Kiel und Konstanz dargeboten werde.*
„Wenn Kinder so sprechen lernen müssten, wie sie Mathematik lernen", schimpft der Professor, „würde kaum

jemand je einen zusammenhängenden Satz herausbringen." Wenn ein Kleinkind die ersten Sätze brabbelt, schreien Mama und Papa schließlich auch nicht bei jeder verdrehten Grammatik-Konstruktion „falsch!" — im Mathematikunterricht dagegen steht von Anfang an das formale Ergebnis im Zentrum.

Wittmann fordert einen Unterricht, der den Entdeckergeist der Kinder weckt. „In der mathematischen Forschung weiß man ja auch zunächst noch nicht, was am Ende richtig ist", erklärt der Didaktiker. Lösungswege öffnen, die Schüler selbst mit Zahlen spielen lassen: das sind Hauptelemente seines „Mathe 2000"-Programms für Grundschüler, das lange vor SINUS[15] entstand und inzwischen an vielen Schulen angewendet wird.

In beiden Programmen geht es immer wieder darum, den Kindern das Staunen über die Wunderwelt der Zahlen zu vermitteln. So fragt Lehrer Oetterer, wenn er seinem Grundkurs am Bayreuther Graf Münster-Gymnasium das Wesen exponentiellen Wachstums verdeutlichen will, die Schüler einfach, wie oft man wohl ein Blatt Papier falten müsse, bis die Papierdicke bis zum Mond reicht. Kaum einer errät die überraschende Antwort: ganze 42mal.[16]

---

15   SINUS: 1998 eingeführtes Modellversuchsprogramm zur Steigerung der Effizienz des mathematisch-naturwissenschaftlichen Unterrichts.

16   Der Spiegel 2004, Nr. 50: Artikel von Manfred Dworschak, Johann Grolle, Julia Koch, Wieland Wagner.

Naturwissenschaften

In diesem Bereich bieten sich wie von selbst vielfältige genaue und gründliche Beobachtungen an: nicht nur an Pflanzen und Tieren, sondern etwa auch an Fließformen des Wassers, an Wolkenbildungen und -verwandlungen, an Licht- und Wärmeverhalten. Alle diese Beobachtungen sollten möglichst ergebnisoffen sein. Auch hier werden die Schülerinnen und Schüler oft zu erstaunlichen Ergebnissen kommen, durch welche ganz neue Fragestellungen entstehen. Ein Ziel wäre, so intensiv zu beobachten, dass die beobachteten Objekte sich langsam selbst aussprechen (Goetheanistische Methode). Eine Vielzahl neuer Entdeckungen ist dabei möglich.

Da die von uns angewendeten Prinzipien auf allen Fachgebieten die gleichen sind, werden wir auf weitere Beispiele verzichten.
Zu vermerken wäre noch, dass auch in Fächern, wo mehr oder weniger alles vorgegeben ist — z.B. in den Fremdsprachen — die kreativen Fähigkeiten mehr genutzt werden sollten. Wenn man z.B. mit einfachen Vorgaben kleine Sketche improvisiert, in denen man mit etwa 25 bis 30 verschiedenen Wörtern auskommt, so wird öfter ein Wort gesucht. Vielleicht wird es zugerufen, vielleicht umschrieben, vielleicht sogar er-

funden, auf jeden Fall wird man dieses Wort hinterher sicher wissen, weil es gesucht wurde und damit besser im Gedächtnis haftet.

Durch neue Unterrichtsformen wird sich auch ergeben, dass Fremdsprachen ab und zu auch in anderen Unterrichtsfächern auftauchen, sodass der Sprachumgebungsraum vergrößert wird.

Die Suche nach der Einheit der Welt

Wie wohltuend für Schülerinnen und Schüler, wenn die Lehrerin oder der Lehrer während des Unterrichtes auf die Forschungsergebnisse einer Kollegin oder eines Kollegen einer anderen Fachrichtung hinweist. Dass die Lehrpersonen miteinander korrespondieren, sich von verschiedenen Seiten her anregen, ist für die jungen Menschen ein Lichtblick: Aus der Vereinzelung der Fächer könnte allmählich wieder etwas Einheitliches entstehen. Dies ist wiederum die Außenseite einer Sehnsucht, die auf der Suche nach den schöpferischen Kräften hofft, dorthin zu gelangen, wo man erkennt „was die Welt im Innersten zusammenhält", wo man erleben kann, wie die verschiedenen Kräfteströmungen sich verweben und in unzähligen Variationen in Erscheinung treten.

Bei der Suche nach Korrespondenzen trifft man dann auch auf gewisse Grundphänomene. Eines davon ist z.B. das „Regelmäßige — Unregelmäßige" oder das „Gleichmäßige — Ungleichmäßige". Was bedeutet das?

Ein Beispiel: Von der Erde aus gesehen durchläuft die Sonne im Jahresverlauf den gesamten Tierkreis und steht dann nach genau einem Jahr fast — aber eben nur fast — an der gleichen Stelle. Eine kleine Differenz bleibt, die sich von Jahr zu Jahr addiert und nach etwa

2170 Jahren steht die Sonne dann im Nächsten Tierkreis-Zeichen. Eine Kulturepoche ist vergangen. Dass die Umlaufzeiten der Planeten alle in irrationalen Verhältnissen zueinander stehen, bewirkt, dass ständig neue Rhythmen geboren werden!
Dieses Prinzip des „Regelmäßig — Unregelmäßigen" kann man auf verschiedenen Gebieten finden. Der dänische Dichter Johannes Smith beschreibt es so:

Wellen und Flammen kann man stundenlang beobachten ohne zu ermüden, zwar haben wir es mit ständigen Wiederholungen zu tun, aber nie mit berechenbaren Bewegungen. Es sind die Nuancen und Variationen, die alle Formen von Leben auszeichnen ...[17]

Auch in der Musik tritt uns dieses Prinzip entgegen, deutlich wahrnehmbar im Oktav-Quintverhältnis:
7 Oktaven und 12 Quinten ergeben fast den gleichen Ton.
Und was ist mit dem verbleibenden „Pythagoräischen Komma"? In welcher Form spielt es für die Musik eine Rolle? Auch im Rhythmisch-Taktlichen haben wir es mit diesen feinen Unregelmäßigkeiten zu tun. Hängt das zusammen mit Atem und Puls? -
Im Zusammenhang damit können wir beim musikalischen Ton feststellen, dass er nur Dauer haben kann, wenn er ständig neu geboren wird. Das erleben wir beim Flöte spielen oder auch beim Singen, und an ei-

---
[17]   Aus:J. Smith: *Beschreibung der Westküste Jütlands.* (Übersetzung: W. Wünsch)

nem tiefen Streichinstrument, z.B. dem Kontrabass, lässt es sich eindrücklich beobachten. Man kann da sehen und hören, wie ein langer Ton durch immerwährendes „Neu-Anzupfen" hervorgerufen wird.

Und dieses Prinzip, dass etwas nur Dauer haben kann, wenn es ständig neu erzeugt wird, werden wir auch auf anderen Gebieten antreffen, denn es ist, so scheint es, ein allgemeines Prinzip in der Welt des Lebendigen. Auch wenn wir anfangs nur wenige Gemeinsamkeiten zwischen zwei anscheinend sehr getrennt liegenden Fachgebieten finden werden, wird schon das Wenige bei den Kindern und Jugendlichen eine gewisse Erwartungsstimmung hervorrufen, dass die Einheit der Welt am Horizont wieder auftauchen könnte.

Oft wird einem entgegengehalten: Ja, aber die Medien machen doch alles wieder kaputt! Dies kann man keineswegs so pauschal sagen. Wenn aus dieser Richtung Gefahr droht, so liegt es nicht an den Medien selbst, sondern an dem Umgang mit ihnen. Wir sollten unseren Blick nicht von den Medien fesseln lassen, sondern uns klarmachen, worauf es eigentlich ankommt und wovon in diesem Buch immer und immer wieder gesprochen wird. Damit bewegen wir uns im Bereich einer Kraft, die dem jungen Menschen inneren Schutz und Sicherheit gibt.

Worauf es ankommt

An dieser Stelle möchte ich gerne Motive aus russischen Märchen sprechen lassen, die das Problem — jedenfalls von einer Seite her — gut beleuchten:
In vielen russischen Märchen erscheint die Gestalt der „Baba-Jaga" (Hexe Knochenbein), eine Gestalt, die es in dieser Form in anderen Kulturkreisen nicht gibt. Sie lebt am Waldrand in einem Holzhäuschen, das auf Hühnerbeinen steht und sich ständig dreht. Wenn sie sich außer Haus begibt, berührt sie nicht den Boden. Sie fährt in einem Mörser, den sie mit dem Stößel antreibt und zugleich mit dem Besen die Spuren verwischt. Ihr Haus ist umgeben von einem Zaun aus Menschenknochen, die höheren Pfähle tragen Totenschädel. Die Baba-Jaga besitzt große Macht. Wer unvorbereitet in ihre Nähe kommt, wird gefressen. „Sie frisst Menschen wie Hühnchen", heißt es im Märchen von der wunderschönen Wassilissa.
Kommt nun aber ein Held, der sich zu einer rettenden Tat aufgemacht hat, der sich in Aufmerksamkeit und Mut geschult hat, dann ist die Reaktion eine andere. Schon von Weitem schleudert die Baba-Jaga dem sich nahenden Recken entgegen: „Fu, fu, fu! Wie lange habe ich kein Christenfleisch mehr gerochen und jetzt steht es vor mir!" Er aber antwortet: „Halt deinen Mund, Alte, richte mir das Bad und gib mir etwas Gutes zu es-

sen, dann können wir weiter reden!" — Und die Baba-Jaga gehorcht. Beim Essen fragt sie: "Woher des Wegs, wohin des Wegs?", und er berichtet ihr wahrheitsgetreu, er sei ausgezogen, um die Mutter aus den Fängen des Winddämons zu befreien. Sie hört aufmerksam zu und gibt ihm dann guten Rat, auf was alles er achten muss, damit dieses gefährliche Werk gelingen kann.

Wer sein Ziel kennt, mit dem er ins Leben getreten ist, wer zu Taten schreitet, die nicht nur ihm, sondern auch anderen Nutzen bringen, wird Hilfe und guten Rat empfangen. Wer diesen Impuls nicht bewusst in sich trägt, wird "gefressen".
Daher ist es so wichtig in der Schule, dass die Kinder und Jugendlichen ihren Weg finden, ihren Zielen näher kommen. Dabei sind sie auf die Hilfe ihrer Lehrerinnen und Lehrer angewiesen.

... Es muss herausgeholt werden, was vorgeburtliche Götterbelehrung ist ...[18]

---

18   Steiner (GA 203). Vgl. dazu das bereits auf Seite 10 angeführte, längere Zitat.

Zum Schluss

Es wird dem Leser nicht entgangen sein, dass dieses Buch nur Anregungen geben möchte, keine Rezepte. Auch die Beispiele sollen nur mögliche Richtungen aufzeigen und nicht etwa tradiert werden. So, wie jeder Jugendliche seinen individuellen Weg gehen wird, so wird auch jede Lehrperson ihren eigenen Weg finden. Es wird dem Leser aber auch nicht entgangen sein, dass alles, was ich beschrieben habe, verbunden ist mit einem bestimmten Punkt der Weltentwicklung, der nicht verschlafen werden darf. Und deshalb ist es so wichtig, anzufangen, so gut man es eben schon kann. Schon das wird Früchte tragen. Anfangen und nicht warten „bis man soweit ist", nein, gleich morgen, denn

ES IST AN DER ZEIT!

Literatur

Brass, Reinhild (2010): Hörwege entdecken. edition zwischentöne. Weilheim/Teck

Fratton, Peter (2014): Lass mir die Welt, verschule sie nicht! Beltz Verlag. Weinheim

Kayser, Hans (1953): Bevor die Engel sangen. Eine harmonikale Anthologie. Verlag Benno Schwabe. Basel

Köhler, Henning (1997): Schwierige Kinder gibt es nicht. Verlag Freies Geistesleben. Stuttgart Kühlewind, Georg (2001): Sternkinder. Kinder, die uns besondere Aufgaben stellen. Verlag Freies Geistesleben. Stuttgart

Kumpf, Christiane (2004): Die Metall-Klanginstrumente von Manfred Bleffert. In: Beilharz, G. (Hg.): Musik in Pädagogik und Therapie. Verlag Freies Geistesleben. Stuttgart

Largo, Remo H (2013): Wer bestimmt den Lernerfolg: Kind, Schule, Gesellschaft? Beltz. Weinheim

Russische Zaubermärchen (2003): Übersetzt und herausgegeben von Martin Schulz. Zweisprachige Ausgabe. Reclam. Stuttgart

Sick, Bastian (2016): Der Dativ ist dem Genitiv sein Tod. Kiepenheuer & Witsch. Köln

Schönberg, Arnold (1911/1922): Harmonielehre. 1. Aufl. Wien 1911. 3. erw. Aufl. Wien 1922

Smith, Johannes (o.J.): Beschreibung der Westküste Jütlands. Zitiert in: Dänisch in 30 Tagen. Gebr. Weiss-Verlag. Berlin

Steiner, Rudolf (1921): Die Verantwortung des Menschen für die Weltentwicklung (GA 203, 6. Vortrag). 2. Aufl. Dornach 1989

Thunberg, Greta u.Svante/ Ernman, Beata u. Malena (2019): Szenen aus dem Herzen. Unser Leben für das Klima. S. Fischer. Frankfurt/M.

Von Dreien, Bernadette (2017): Christina, Band 1: Zwillinge aus Licht geboren. Govinda Verlag. Zürich.

Wehr, Marco (2007): Welche Farbe hat die Zeit? Wie Kinder uns zum Denken bringen. Eichborn Verlag. Berlin

Woitinas, Siegfried (2002: Wer sind die Indigo-Kinder? Herausforderungen einer neuen Zeit. Verlag Urachhaus. Stuttgart

Wünsch, Wolfgang (1995): Menschenbildung durch Musik. Verlag Freies Geistesleben. Stuttgart

Wünsch, Wolfgang (2007): Verstehen wir die Botschaft der Kinder? edition zwischentöne. Weilheim/Teck

Wünsch, Wolfgang (2012): Musikalische Improvisation. Neuentdecken des Vergangenen, Suchen des Zukünftigen im gegenwärtigen schöpferischen Erleben der Musik. edition waldorf. Stuttgart

Veröffentlichungen von Wolfgang Wünsch
Schriften

Menschenbildung durch Musik – Der Musikunterricht an der Waldorfschule. Verlag Freies Geistesleben, Stuttgart 1995

Verstehen wir die Botschaft der Kinder? – Plädoyer für eine Neuorientierung in der Pädagogik. edition zwischentöne 2007

Musikalische Improvisation – Neuentdecken des Vergangenen, Suchen des Zukünftigen im gegenwärtigen schöpferischen Erleben der Musik. PMRI Schriften, Bd. 1. edition waldorf 2012

Beiträge zur Musikpädagogik in Fachzeitschriften und Sammelwerken

Lieder- und Chorhefte

Zusammenklang 1 – Kinderlieder. edition zwischentöne 2015

Zusammenklang 2 – Lieder und Chorsätze für gleiche Stimmen. edition zwischentöne 2016

Zusammenklang 3 – Liedsätze und kleine Chorstücke für gemischte Stimmen. edition zwischentöne 2014

Frühlingsspiel – zum Singen, Spielen und Bewegen für eine Unterstufenklasse. edition zwischentöne 2018

Kinderopern

Des Königs Beruf. 2002

Tair und Dshafira. 2006

Des Teufels Schwiegermutter. 2009

Albolina und die Bregostena. 2014

Bertholdo, der Hirte. 2020 (in Vorbereitung)

(Aufführungsmaterial der Kinderopern im Vertrieb der edition zwischentöne)